L³m
578

UNE
FAMILLE NORMANDE
ET SES DOMAINES
PENDANT L'OCCUPATION ANGLAISE
ET LES
GUERRES DE LA LIGUE
(1417-1597)

PAR

HENRI QUÉVILLY

A BERNAY

DE L'IMPRIMERIE VEUCLIN, PELAGE ET DUCLOS

1879

L³m
578

UNE
FAMILLE NORMANDE ·

ET SES DOMAINES
PENDANT L'OCCUPATION ANGLAISE

ET LES
GUERRES DE LA LIGUE

(1417 - 1597)

PAR

HENRI QUEVILLY

A BERNAY

DE L'IMPRIMERIE VEUCLIN, PELAGE ET DUCLUD

1879

L 3
L m
1578

N ignore généralement l'héroïque résistance que beaucoup de seigneurs normands firent à Henri V, roi d'Angleterre, quand ce prince ennemi vint commencer en Normandie la guerre de pillages, de surprises et de représailles, qui désola, pendant plus de trente ans, cette belle et riche province. Si quelques nobles se soumirent au vainqueur, par lâcheté et par calcul, d'autres, au contraire, se souvinrent qu'ils étaient de la race de ces chevaliers avec lesquels les Anglais avaient fait connaissance depuis deux siècles sur tous les champs de bataille, et ils crurent qu'à l'exemple de leurs ancêtres, ils devaient lutter courageusement contre l'envahisseur, en défendant pied à pied le sol de la patrie.

De ce nombre furent les membres de l'illustre maison de Chambray, issue des anciens barons de la Ferté-Fresnel, (1) et dont les premiers ancêtres connus avaient suivi, l'un, Guillaume-le-Conquérant en Angleterre, et l'autre, le duc de Normandie à la Croisade. Simon de Chambray, second fils de Richard II, Baron de la Ferté-Fresnel, avait pris vers 1221 le nom de Chambray,

---

(1) Situé dans le département de l'Orne, le bourg de la Ferté-Fresnel était voisin de l'ancienne abbaye de Saint-Evroult, de l'ordre de Saint Benoît, et ses seigneurs furent les constants bienfaiteurs de ce célèbre monastère.

d'un des fiefs provenant de sa mère, Isabelle de Grand-viler ; il avait été, à cause de ses largesses, représenté sur un vitrail de la cathédrale d'Evreux, orné du lion symbolique et du blason *d'hermines à trois tourteaux de gueules.*

Jean de Chambray, leur descendant, chambellan du roi Charles-le-Bel, s'était quoique très-âgé, distingué aux batailles de Poitiers et de Cocherel. Enfin, un François de Chambray, était devenu vers la fin du xive siècle, bailli et gouverneur d'Evreux. « C'était, dit Le Brasseur, un homme de condition et fort attaché aux intérêts et à la personne du Roy. » Il remplit sa charge depuis 1379 jusqu'en 1399, année de sa mort et pendant ces vingt ans, il répara les édifices d'Evreux, endommagés par les guerres précédentes.

Pour n'omettre aucune illustration il faudrait citer tous les membres de cette noble famille qui, au moment de l'arrivée des Anglais, n'était plus représentée que par une veuve et de jeunes enfants.

En effet, quand le roi anglais commença à occuper la Normandie, Roger de Chambray, seigneur de Chambray et de Thevray, venait de mourir (vers 1412), et Catherine de Menilles, sa veuve (1), habitait depuis très-peu de temps, le château et la terre de Thevray, dont elle avait hérité au décès de son frère, Jean de Menilles. Bien que ses enfants fussent encore en bas-âge, cette courageuse châtelaine forma le projet de défendre Thevray avec Jean, Simon et Guy de Chambray, ses trois fils, dont l'aîné venait seulement d'atteindre sa majorité.

« Le château de Thevray était très-fort, un gros don-« jon, de larges fossés, des pièces de canon, le mettaient

---

(1) Cette dame était fille de Guy de Menilles, et petite fille de Laurent de Menilles, époux de Jeanne de Thevray. La famille de Thevray, qui s'éteignit par cette alliance, était ancienne et illustre, et descendait, dit-on, des comtes de Conches. Elle portait, d'après Gabriel Dumoulin, de gueules à un demi-lion d'hermine.

« en état de résister quelque temps. Les Anglais de-
« mandèrent la reddition de cette place. Elle fut refusée.
« Catherine et ses trois fils, voulaient la conserver au
« Roy. Ils placèrent des gens d'armes dans la chapelle
« qui était construite sur les bords extérieurs des fossés
« du château. Ce premier poste fut enlevé. Les assiégés
« se retirèrent dans la place qui fut forcée et rasée (1). »

Cette destruction de Thevray eut lieu au commence-
ment de 1418 (2), et le 24 mars de cette même année,
la veuve de Chambray fut obligée, à cause de ses terres
de Normandie, de rendre hommage au vainqueur, qui
nomma Richard Gargrave, tuteur de ses deux enfants
mineurs (3).

La malheureuse famille se réfugia alors dans son châ-
teau-fort de Chambray, qui dominait la vallée de l'Iton.
Cette terre patrimoniale passa bientôt aux Anglais,
malgré une courageuse résistance et tandis que la dame
de Chambray et ses enfants mineurs se retiraient dans
leur manoir de Saint-Denis-du-Béhélan, ses deux fils
aînés s'enfuirent en Touraine, mettre leur épée au service du roi de France.

Ce fut en vain que le roi anglais qui ne négligeait
rien pour ramener à lui les seigneurs normands, dé-
pouillés de leurs terres, fit dire à Jean de Chambray
de venir lui parler et lui donna un sauf-conduit pour
aller le trouver à Rouen en 1419. Le noble et vaillant
jeune homme resta fidèle au roi de France. Quant
à Simon, son frère, il ne put se dispenser de revenir
en Normandie se mettre à la tête des débris de la maison de Chambray et c'est alors que le roi Henri V, lui
donna, afin de se le conserver, les domaines de Bel-

---

(1) Histoire manuscrite de la Maison de Chambray, rédigée
dans la seconde moitié du XVIIIe siècle, par M. le marquis Louis
de Chambray.

(2) Le Prevost. — Notes sur le Département de l'Eure. —
Article Thevray.

(3) La 6e année du règne de Henri V (1419), d'après les Ar-
chives de la Tour de Londres.

lestre, de Brécy et de Bardouville, dans le baillage de Rouen, par lettres datées de la septième année de son règne (1420). Cependant le cadet de Chambray, se repentit d'avoir cédé à la nécessité et d'avoir quitté le service de son souverain véritable ; il revint donc près de lui et fut admis au pardon, dont sa défection avait besoin. Guy, leur jeune frère, vint aussi se mettre sous la bannière de Charles VII. Jean de Chambray, heureux de voir ses frères rentrés dans le devoir, ne fut plus occupé pendant cette guerre qu'à donner des marques de son amour à son maître. Mais avant de citer ses prodiges de valeur à Orléans, il est bon de parler du château de Chambray et des opérations militaires dont il fut alors le théâtre.

Tout le monde sait que Charles VI céda le royaume de France au roi d'Angleterre, par traité passé en 1420 et qu'il fut couronné à Paris, deux ans après. Alors « tout paraissait consommer cette honteuse combinaison préparée pour notre anéantissement (1). » Mais Charles VI étant mort le 22 octobre de la même année, son fils Charles VII voulut reprendre par la force une succession dont il avait été dépouillé par la faiblesse de son père.

Sa première expédition fut la prise de Meulan, qu'il enleva aux Anglais, le 14 janvier 1423. Son armée se porta ensuite sur l'étendue de terrain qui existe entre cette ville et Verneuil, dont il s'empara en 1424. Puis, marchant toujours en avant, il prit les villes de Breteuil et de Damville, ainsi que les châteaux de Condé et de Chambray, sur la rivière d'Iton. Enfin, tirant au nord, il soumit la ville de Conches et occupa toute la vallée qui va de cette ville à Evreux. Les Anglais ne tardèrent pas à faire marcher les troupes qui occupaient les villes de la Normandie, et non-seulement à arrêter les Français dans leur course, mais

---

(1) Du Châtellier. — Invasions de l'Etranger dans les xiv⁰ et xv⁰ siècles. — Paris, 1872. — Page 32.

encore à les faire retourner en arrière. Ils les chassè-
rent donc de Conches et des environs en perdant
beaucoup de monde de part et d'autre. Toutefois les
troupes françaises qui, dans leur retraite, ne cédaient
le terrain que pied à pied, se fortifièrent au midi de la
rivière d'Iton.

Les ailes de cette armée étaient appuyées sur les
villes de Breteuil et de Damville, tandis que le centre
l'était sur les châteaux de Condé et de Chambray. On
avait construit dans le bois de Blandé, situé dans le
voisinage et au nord-est de Chambray, un fort dont la
muraille et les retranchements, ont subsisté jusqu'à
une époque fort récente. Il y avait aussi des postes
avancés au nord de la rivière d'Iton, au lieu nommé les
Chatelets, à cause des ouvrages militaires dont on voit
les restes. De plus, pour pouvoir transporter l'artillerie,
avec plus de facilité, on avait établi deux routes militaires.

La première, tendant de Nonancourt à Breteuil, passait par la Madeleine-sur-Nonancourt et traversait la
plaine pour se rendre à Grantvilliers. De là, elle traversait les champs de la Ville-Dieu, les bois au-dessus
de Chicou et l'angle méridional du Bois-Bouffey, au-
jourd'hui défriché. Puis, arrivée à l'endroit où le chemin
de Verneuil à Damville coupe celui de Nonancourt à
Breteuil, elle passait au bout septentrional du village
de la Ronce, pour se rendre au camp de Condé-sur-
Iton. Cette voie droite et large de douze pieds était
pavée en gros cailloux du pays et ravinée.

La seconde route, qui servait à l'approvisionnement
du château de Chambray, partait de la pointe septen-
trionale du village de la Ronce pour se rendre, en
droite ligne, au midi du parc de Chambray, où l'armée
française avait établi ses lignes. Du parc de Chambray,
cette route décrivait une ligne parallèle, traversait les
taillis de Chicou pour se rendre en ligne droite au camp
de Blandé et rejoindre ensuite Damville en passant par
Montmorin.

(1) Puiseux. — De
pendant l'occupation
(2) Remarques su
Chambray et dans l
par le marquis Loui

La présence des deux armées, prêtes à se combattre, avait tellement effrayé les habitants du pays qu'ils avaient tout abandonné. Des lettres patentes du roi Louis XI disent aussi que tout ce canton était alors inhabité à cause de la terreur que l'armée anglaise avait inspirée aux habitants. « Ces malheureux déshérités s'en allèrent nus, mourant de faim, errant à l'aventure de ville en ville, et reculant sans cesse devant les progrès de la conquête. » (1)

Ils emportaient la plus grande partie de leur mobilier, et surtout les objets les plus précieux.

« Cependant, les Sarcel, dans l'espoir du retour,
« pratiquèrent au fond du puits de leur mâsure située
« à l'extrémité méridionale du village de Chambray,
« une cave voûtée pour y retirer leurs effets. » (2)

L'armée française, occupant le midi de la rivière d'Iton, comme on vient de le dire, avait au nord l'armée anglaise disposée à peu près de même. On dut se canonner de part et d'autre, comme sembleraient le prouver les boulets trouvés, il y a une centaine d'années, sur le côteau de Guincestre, en face du château de Chambray. Les Anglais se déterminèrent à passer la rivière près d'un guet, voisin du moulin de Varennes, où l'on a trouvé plus de vingt squelettes, débris des braves qui y périrent. Ils s'emparèrent des châteaux de Chambray et de Condé, ainsi que des villes de Damville et de Breteuil.

Contrainte de céder à l'impétuosité anglaise, l'armée du roi de France ... rière la rivière d'Avre, ... art, et sa gauche sur ... prises depuis peu par ... rent jusqu'à cette ri-

opulaires en Normandie
iècle. — Page 5.

: militaires qui existent à
inuscrit rédigé vers 1750

vière, et construisirent de grands retranchements qu'on appelle encore les " lignes anglaises ", depuis Tillières jusqu'au parc de Courtcilles. Les ennemis ne furent pas longtemps à en venir aux mains. Le 17 août 1424, les Français passèrent la rivière d'Avre et se rangèrent en bataille dans la plaine de Saint-Denis sous Verneuil. Renforcées du duc de Betford, qui venait d'Ivry, et avait couché à " Damville en vaisseaux ", comme dit Monstrelet, les troupes anglaises gagnèrent la bataille sur les Français, commandés par Lahire et Pothon de Xaintrailles. Le jeune duc d'Alençon, blessé et fait prisonnier dans cette affaire, donna en ôtages plusieurs seigneurs normands, et notamment le sire de Beaumesnil.

Les Français se retirèrent dans la Beauce ; mais les événements qui suivirent pendant cinq ans ne firent qu'augmenter la puissance des Anglais. Charles VII fuyait toujours devant eux, et il ne lui restait plus de place importante qu'Orléans, qu'il était sur le point de perdre, quand y parut la célèbre et infortunée Jeanne d'Arc :

> « Une chose de Dieu venue,
> « Ung ange de Dieu amyable
> « De quoi toutes fois la venue
> « Fut au royaume proffittable. » (1)

Son enthousiasme patriotique ranima les soldats découragés, défit les Anglais en détail, et leur imprima une sorte de terreur qui prépara la délivrance de la France.

Parmi les braves les plus distingués qui combattaient avec la Pucelle, sous les murs d'Orléans, on remarquait Jean de Chambray, notre vaillant châtelain de Chambray et de Thevray. Il fit de si grandes prouesses, qu'il fut fait chevalier sur le champ de bataille. C'est ainsi qu'il contribua avec honneur à l'achèvement de cette triste guerre « dont on ne se console qu'en portant sa pensée vers l'héroïque enfant qui, après l'avoir glorieu-

(1) Martial de Paris.

sement terminée par son patriotisme et son génie, paraît l'avoir purifiée en quelque sorte par la vertu de sa vie et la sainteté de sa mort. » (1)

Mais au moment où notre héros recevait la récompense due à son courage, le roi d'Angleterre, irrité de sa persévérance à servir son pays, et de la défection de ses frères, confisqua, par lettres données à Rouen le dernier jour de novembre 1430, tous les biens appartenant en Normandie à Jean de Chambray, chevalier, à Simon et Guy de Chambray, écuyers, ses frères, " alors rebelles et désobéissans d'icelluy seigneur ", pour les donner à Jehan d'Arbrissecourt et à Guillaume Staverton, écuyers, qui les conservèrent jusqu'en 1449.

Ce fut dans le cours de cette même année, qu'après la reprise de Verneuil, le comte de Dunois partit d'Evreux le 8 août 1449, avec plusieurs chevaliers et écuyers, pour marcher sur Pont-Audemer. Il tomba sur le château de Chambray, qui lui coûta huit jours de siége. (2) Le Père Daniel (3) dit aussi : « Le comte de « Dunois fut huit jours devant le château de Chambray, « qui capitula et se rendit. »

Pendant ce dernier siége, la place fut démantelée et presque entièrement détruite. Elle occupait la partie de la cour d'honneur comprise entre les bâtiments de la ferme et l'endroit où l'on voyait encore il y a moins d'un siècle, les restes du vieux donjon, à l'orient de l'élégante chapelle, rebâtie à la fin du xv⁵ siècle, par Gillette Cholet et Jean de Chambray, son fils. Les débris de cette forteresse, qui était entourée de larges fossés et minée par des souterrains, servirent à la construc-

---

(1) L'armée anglaise au siége d'Orléans, en 1429, d'après les documents anglo-normands inédits par M. Boucher de Molandon.

(2) Histoire de France par l'abbé Vély, continuée par Villaret. — Tome xv, année 1449.

(3) Tome iv. — Page 507.

tion du château qui lui a succédé et qui fit lui-même place au château actuel.

Après l'expulsion des Anglais, quand le poète normand, Olivier Basselin, s'écriait :

« Dieu à féru ces enragés ;
« Et la dernière des batailles
« Par leur trépas nous à vengés.

et lorsque de joyeux noëls saluaient, au dire des chroniqueurs, le passage de Charles VII, à Vernon, à Louviers et à Evreux, Jean de Chambray, qui pendant la fin de l'occupation habitait son château de Poncé, qu'il avait acheté le 24 août 1440, rentra dans ses domaines, ruinés par la guerre, avec Gilette Cholet, son épouse, fille de Gilles Cholet, chevalier, seigneur de la Choletière et de Dangeau et de Jeanne de Varennes (1). Mais il y jouit bien peu de temps du repos, mérité par ses exploits. En effet, le vaillant défenseur des châteaux de Thevray et de Chambray, l'héroïque chevalier du siége d'Orléans, qui avait toujours combattu pour la bonne cause, termina sa carrière à la fin de l'année 1458.

Sa postérité se composait de trois fils et de quatre filles. Celles-ci épousèrent de nobles seigneurs de la contrée. L'un des fils fut religieux, mais les deux autres, Jacques et Jean, se distinguèrent par des services signalés.

Ainsi, Jacques de Chambray, chevalier, seigneur de Thevray et de Durbois, fut d'abord chambellan du duc d'Orléans, puis du roi de France, quand ce prince fut monté sur le trône. Il construisit de beaux édifices à Thevray et devint bailli et gouverneur d'Evreux, puis

---

(1) Cette dame reçut de Gilles Cholet, son père, la terre et seigneurerie de Durbois, et Jean Cholet, son frère, grand maître des Arbalétriers de France, lui donna en partage, le 11 octobre 1446, les terres et seigneureries de Leureville et de Bretoncelles, relevant de la Châtellenie de Château-neuf-en-Thimerais, lesquelles vena'ent de Jeanne de Varennes, leur mère. La famille de Cholet portait : bandé d'argent et de sable de 6 pièces.

l'un des ambas-adeurs qui ratifièrent à Nantes, le 15 janvier 1498, le traité d'Estaples, passé entre Louis XII et le roi d'Angleterre. Il mourut en 1504 et fut inhumé dans l'église de Thevray où on lui éleva un superbe mausolée.

Jean de Chambray, seigneur de Chambray, de Poncé, et de la Roche-Turpin, son frère et son héritier épousa, Françoise de Tillay, baronne d'Auffay, dont il eut entre autres enfants : Jean et Nicolas qui suivent.

Jean de Chambray, seigneur de Poncé, de Durbois et de Leureville, fut porte-guidon de la compagnie du grand sénéchal de Normandie, puis lieutenant de la compagnie d'ordonnance de l'amiral d'Annebault, avant d'être nommé pannetier du roi en 1534. C'est à lui que le roi François Ier écrivit la curieuse lettre qui suit :

Monsieur de Chambray, pour ce que j'ay appris par un gentil-homme, que m'a envoyé mon cousin pour me dire que les méchants et malheureux de la Légion de Normandie, avant le terme échu de leur payement, ont crié, argent, argent, et qui pis est s'en vont et se retirent et abandonnent leur enseignes, chose que je veux estre si grievement punie et chatiée que ce soit perpétuel exemple. A cette cause je vous prie et ordonne prendre un bon nombre des gens de votre compagnie pour aller après cette canaille, et vous mettre sur le passage, pour les assommer et hacher en pièce et en faire une si grande Boucherie, que ce soit horreur et crainte à tous les autres. Car entendés qu'il y faut ainsi procéder, autrement mon armée s'en yroit en désordre et perdue. A Dieu, Monsieur de Chambray, qu'il vous ait en sa sainte garde,

Ecript à Follembray, le xe jour d'april, 1543.

Signé : François

Et plus bas : Bchotel.

Pour adresse :

A Monsieur de Chambray, lieutenant en la compagnie de mon cousin le sieur d'Annebault, maréchal de France.

Nicolas de Chambray, baron d'Auffay et de Thevray,

épousa en 1530, Bonaventure de Prunelai. « Celui-ci rendit aveu au roi de la terre de Thevray en 1539, et mourut en 1560, en laissant six enfants (1), » dont Gabriel de Chambray, filleul de Gabriel Le Veneur, évêque d'Evreux (2).

Gabriel de Chambray, baron d'Auffay, seigneur de Chambray et de Thevray, prit le parti des armes sous Henri III, qui le fit chevalier de son ordre et le nomma, le 17 mai 1585, gentilhomme de sa chambre, après qu'il avait été député de la Noblesse du baillage d'E-vreux, aux Etats-Généraux de Blois. Il avait été aussi nommé pannetier du roi en 1580. Dévoué à la cause de son nouveau roi, il se distingua à la bataille d'Ivry (3) et dans la même année, Henri IV « le conquérant de la paix publique et le héros de la tolérance (4) » lui donna une compagnie de cinquante hommes d'armes de ses ordonnances, dont les comptes se réglèrent à Lisieux, en 1592.

Gabriel de Chambray fut en outre chargé par son souverain de commander, pendant la Ligue, le château de Condé, voisin de son domaine paternel, qui eut encore à souffrir, car « en 1593 les Ligueurs pillèrent le château et le chartrier de Chambray (5). C'est aussi pendant qu'il commandait à Condé, qu'il reçut l'ordre de « négocier la reddition des villes et château de Dreux, où il avança de ses deniers, la somme de cinq mille écus (6). »

---

(1) Notice sur la Tour de Thevray (Eure). — Evreux, 1871.

(2) Les Leveneur de Tillières et de Carouges ont toujours été alliés, depuis des siècles, à la famille de Chambray. De nos jours, Madame la marquise de Chambray descend encore de cette grande et illustre maison.

(3) Mémoires de Sully. — Tome I.

(4) Albert de Broglie. — L'Histoire de France étudiée en Normandie.

(5) A. Le Prevost, au mot " Roman ".

(6) Moréri, au mot " Chambray ".

Enfin, quelque temps après, il figure encore parmi la noblesse Normande, appelée à Caen par le gouverneur de la province, comme on peut en juger par la lettre suivante adressée par Henry de Bourbon, duc de Montpensier :

De Caen, ce 8 janvier 1597

Mon vaillant compagnon Pigace. Je vous prie de venir en diligence me joindre icy, pour m'assister de vos bras et de vos bons conseils, dans une expédition d'importance dont je vous instruirai. Nos compagnons seront les Le Veneurs, Glapions, Tournebuts, D'Acher, Deshoulles, Glatiny, la Lande, du Hommel, Leloureux, Bracourt, Chambray, et du Merle. Je les invite tous avec assurance de n'être pas refusé : ils sont comme vous un peut (sic) délabrés d'hommes; mais avec vous tous j'attaquerais l'Enfer, fut-il plein de cinquante mille diables.

Je suis pour la vie, mon bon compagnon, votre affectionné amy.

HENRY DE BOURBON, duc de Montpensier, gouverneur de la province de Normandie et pour le coup pour le Roy Monseigneur (1).

Veuf de Péronne Le Picard de Radeval, Gabriel de Chambray épousa le 27 janvier 1578, Jeanne d'Angennes, qui devint dame du palais de la reine et lui donna un fils nommé Tannegny de Chambray. Pendant cette seconde union, et surtout lorsque Henri IV fut entièrement devenu « de ses sujets le vainqueur et le père, » ce seigneur chercha à réparer son domaine, tant de fois ruiné par la guerre et il y fit édifier le château actuel, orné d'armoiries, de médaillons sculptés et de têtes en plein relief. Mais, par suite des circonstances ou des grandes dépenses qu'il avait faites au service du roi, il ne put que commencer les ailes qui viennent d'être achevées, par les soins de son arrière petit-fils, le Marquis de Chambray.

Ces nouveaux travaux donnent le meilleur aspect au château de Chambray, qui domine fièrement la

---

(1) Lettre publiée dans le *Mercure de France*, N° 38, page 132, 20 septembre 1788.

riante vallée de l'Iton et près duquel subsistent, comme
des témoins muets et respectables d'un autre âge, la
gracieuse chapelle, bâtie à la fin du xv⁰ siècle, à l'em-
placement de celle qui avait été construite en 1239, par
Simon de Chambray, ainsi que plusieurs tourelles et
un chartrier débris de l'ancien château, édifié après la
destruction de la forteresse.

Tous ces monuments, pleins des souvenirs d'autre-
fois, s'harmonisent parfaitement avec les vertes avenues
du parc, où le bruit des armes est remplacé aujour-
d'hui par le concert magistral des meutes normandes,
que dominent les fanfares de nombreux et joyeux
halalis.

74

www.ingramcontent.com/pod-product-compliance
Lightning Source LLC
Chambersburg PA
CBHW061813040426

42447CB00011B/2620